Todos los libros de Linkgua Ediciones cuentan con modelos de Inteligencia Artificial entrenados por hispanistas. Pregúntale al chat de tu libro lo que desees acerca de la obra o su autor/a.

Para ebooks: Accede a nuestro modelo de IA a través de este enlace.

Para libros impresos: Escanea el código QR de la portada con tu dispositivo móvil.

Obtén análisis detallados de nuestros libros, resúmenes, respuestas a tus preguntas y accede a nuestras ediciones críticas generativas para una experiencia de lectura más enriquecedora.
La transparencia y el respeto hacia la autoría de las fuentes utilizadas son distintivos básicos de nuestro proyecto. Por ello, las respuestas ofrecen, mediante un sistema de citas, las fuentes con las que han sido elaboradas.

José Asunción Silva

Poemas

Prólogo de Miguel de Unamuno

Barcelona 2024
Linkgua-ediciones.com

Créditos

Título original: Poemas.

Diseño de cubierta: Michel Mallard.

ISBN rústica ilustrada: 978-84-9007-066-6.
ISBN tapa dura: 978-84-1126-086-2.
ISBN ebook: 978-84-9897-848-3.

Sumario

Créditos 4

Brevísima presentación 9

La vida 9

José Asunción Silva por Miguel de Unamuno 11

Poemas 25

A veces, cuando en alta noche 27

Poeta, di paso 29

Una noche 31

Midnight Dreams 33

Luz de Luna 35

Triste 39

Madrigal 41

Egalité 43

Nocturno 45

Las ondinas 47

Suspiro 49

Adriana 51

Idilio 53

Armonías 55

Realidad 57

Crepúsculo 61

A Adriana 63

Melancolía 65

Crepúsculo 67

La ventana 69

Al oído del lector 73

Juntos los dos 75

Vejeces 77

Estrellas que entre lo sombrío 79

Las voces silenciosas 81

Enfermedades de la niñez 83

Crisálidas 85

Crepúsculo 87

Muertos 91

Idilio 93

Estrellas fijas 95

La calavera 97

A un pesimista 99

Sinfonía color de fresa con leche 101

Sub-Umbra 103

Edenia 105

Las noches del hogar 107

Humo 109

Notas perdidas 111

Libros a la carta 121

Brevísima presentación

La vida

José Asunción Silva (1865-1896). Colombia.

A excepción de algunas breves temporadas en el extranjero —en París, Suiza y Londres; y en Venezuela, como secretario de la Legislación de Colombia—, Silva vivió en el ambiente cerrado y nada estimulante del Bogotá del siglo XIX. Fue un hombre inconforme y desajustado, y su existencia estuvo marcada por el fracaso y las frustraciones: continuas ruinas en sus empeños comerciales, intentando preservar los negocios de su familia; la muerte de su hermana Elvira (a quien dedica su «Nocturno»), el naufragio de un barco en el que perdió según sus propias palabras: «lo mejor de mi obra»; la hostilidad de una sociedad estrecha (lo apodaban «José Presunción») que lo obligó a no mostrar su vocación literaria.

La primera edición de su obra poética, muy adulterada, apareció en Barcelona en 1908, tras su suicidio (con un prólogo vehemente de Miguel de Unamuno, que incluimos en la presente edición).

Su poesía contiene tres referencias privilegiadas: El libro de versos, que él mismo ordenó y tituló; *Gotas amargas*, que quiso mantener inédito; y *Versos varios*, compendio del resto de su obra. Silva no parece atraído por el parnasianismo y aún menos por el preciosismo propio de los inicios de la década del 1890 (véase su sátira «Sinfonía de color de fresa en leche»). Influido por Poe, Bécquer, y el Martí de *Ismaelillo*, Silva es considerado un poeta simbolista.

José Asunción Silva por Miguel de Unamuno

Cuando don Hernando Martínez, colector de los escritos en verso y en prosa de José Asunción Silva, me escribió pidiéndome para ellos un prólogo, le contesté no solo aceptándolo sino dándole las gracias por el encargo. Me parecía poder decir muchas cosas sobre el dulce poeta bogotano. Y me parecía poder decirlas porque en las lontanazas de mi memoria, entre rumor de hojas secas, susurraban retazos de sus cantos. Su letra se me había volado, pero me quedaban su música íntima, su música silenciosa, música de alas.

Mas ahora, con la blancura del papel delante, encuentro tan en blanco como él mi espíritu y apenas sé por dónde empezar. ¿Cómo reducir a ideas una poesía pura, en que las palabras se adelgazan y ahilan y esfuman hasta convertirse en nube que la brisa del sentimiento arremolina y hace rodar bajo el Sol, que en su colmo la blanquea y en su puesta la dora? Porque aquí hay versos blancos de mediodía y rojos de atardecer; más rojos que blancos.

Comentar a Silva es algo así como ir diciendo a un auditorio de las sinfonías de Beethoven lo que va pasando según las notas resbalan a sus oídos. Cada cual vierte en ellas sus propios pesares, quereres y sentires.

Lo primero, ¿qué dice Silva? Silva no puede decirse que diga cosa alguna; Silva canta. Y ¿qué canta? He aquí una pregunta a la que no es fácil contestar desde luego. Silva canta como un pájaro, pero un pájaro triste, que siente el advenimiento de la muerte a la hora en que se acuesta el Sol.

> El verso es vaso santo, poned en él tan solo
> un pensamiento puro.

y puros, purísimos son por lo común los pensamientos que Silva puso en sus Versos. Tan puros que como tales pensamientos no pocas veces se diluyen en la música interior, en el ritmo. Son un mero soporte de sentimientos.

Y cuando estos pensamientos se acusan, cuando resalta de relieve el elemento conceptual de Silva, es cuando Silva me gusta menos. Su melancolía, su desesperación, no son melancolía y desesperación reflexivas como eran las de Antero de Quental, que, como Silva, se abrió por su mano las puertas de las tinieblas soterrañas. El portugués pensó su huida; el colombiano la sintió.

Y gusto de Silva además porque fue el primero en llevar a la poesía hispanoamericana, y con ella a la española, ciertos tonos y ciertos aires, que después se han puesto en moda degradándose.

«Todos los hegelianos han sido tontos menos Hegel», suele decir un amigo mío, y aun cuando no esté del todo conforme con el aforismo, reconozco su gran fondo de verdad.

No sé bien qué es eso de los modernistas y el modernismo, pues llaman así a cosas tan diversas y hasta opuestas entre sí, que no hay modo de reducirlas a una común categoría. No sé lo que es el modernismo literario, pero en muchos de los llamados modernistas, en los más de ellos, encuentro cosas que encontré antes en Silva. Solo que en Silva me deleitan y en ellos me hastían y enfadan.

Y es que uno dice una cosa y con ella ilumina o calienta a sus hermanos, la repite otro y les deja a oscuras y fríos. La idea es la misma; se le apagaron fuego y luz al pasar de uno a otro y de brasa ardiente y luciente que era se quedó en carbón frío y oscuro.

Y no es que la originalidad de Silva esté ni en sus pensamientos ni en el modo de expresarlos; no está ni en su fondo ni en su forma. ¿Dónde entonces?, se me preguntará. En algo más sutil y a la vez más íntimo que una y otro, en algo que los une y acorta, en una cierta armonía que informa el fondo y ahonda la forma, en el tono, o si queréis, en el ritmo interior.

En el ritmo interior, digo, y no en el ritmo meramente acústico de sus versos; no en el sonsonete más o menos brizador en que cifran su afán tantos versificadores que aspiran a poetas. La población que ha conservado tal vez más que música de Silva es música de alas, casi silenciosa, o sin casi.

Y ello cuando Silva dejó que su mano corriera sobre el papel al empuje del sentimiento, no cuando las refrenó y puesta la vista en la técnica —y en una técnica extraña y pegadiza— urdió versos como aquellos alejandrinos pareados de *Un poema*.

* * *

¿Y este hombre será olvidado? Me lo hace temer su delicadeza misma, su delicadeza interior. Porque también está olvidado el poeta español que más me lo recuerda, el dulcísimo y delicadísimo Vicente Wenceslao Querol. Leed las *Rimas* de Querol y decidme luego si las *Vejeces* de Silva no es un poema queroliano. Y a Querol le han ahogado trompeterías de clarines y guitarreos de serenata morisca, amén de virtuosismos de bandolina de café concierto.

Y este Silva, como aquel Querol, como todo poeta de raíz, tenía su infancia a flor de alma. Porque un poeta ¿qué es sino un hombre que ve el mundo con corazón de niño y cuya mirada infantil, a fuerza, de pureza, penetra a las entrañas de las cosas pasaderas y de las permanentes? Leed la poesía de Silva *Infancia*, leed la carta de Querol a sus hermanas, o aquella maravilla de sentimiento que llama *Ausente*.

Y era acaso esta santa permanencia de la infancia en su alma lo que le hacía soñar a Silva el reposo eterno de allende la tumba. Cuanto más largas son hacia atrás nuestros recuerdos y más dulces, más largas y más dulces son hacia adelante nuestras esperanzas. Es la brisa que nos viene de más atrás de nuestro primer vagido, de más allá, hacia ayer, de nuestro nacimiento, la que nos trae recuerdos que, convertidos en esperanzas al pasar sobre nuestro corazón, van, con la brisa misma, brisa de eternidad y de misterio, más adelante de nuestro último suspiro, más allá, hacia el mañana de nuestra muerte. El amor a la infancia y el amor a la muerte se abrazaron en Silva, y ¿quién lo sabe? —solo Dios— tal vez se cortó la vida por no poder seguir siendo niño en ella. Y

al dejar la prisión que las encierra,
¿qué encontrarán las almas?

Preguntemos más bien: ¿qué dejarán las almas? La de Silva nos dejó estos cantos. ¿Y qué encontró allá?

¡Oh las sombras de los cuerpos que se juntan con las sombras de las almas!
¡Oh las sombras que se buscan en las noches de tristezas y de lágrimas!...

Este hombre cantó lo que ya no era o lo que aún no era, el pasado o el porvenir, y en las cosas viejas, tristes, desteñidas, sin voz y sin color, que saben secretos de las épocas muertas, de las vidas que ya nadie conserva en la memoria, buscó acaso el secreto del mañana que fue a buscar con anhelo al dejar, con voluntaria resolución, esta morada de paso y de aflicciones. Y se hundió en la naturaleza.

Cuna y sepulcro eterno de las cosas.

¿Lo veis? ¿Veis cómo une una vez más la cuna con el sepulcro? ¿Veis cómo lleva su infancia como ofrenda a la muerte?

¿Encontró la llave del misterio? ¿Leyó el síno en el fondo de las pupilas inmóviles de la eterna Esfinge?

¡Estrellas, luces pensativas!
¡Estrellas, pupilas inciertas!
¿Por qué os calláis si estáis vivas,
y por qué alumbráis si estáis muertas?

* * *

Murió José Asunción Silva en Bogotá, su pueblo natal, despojándose por libre albedrío de la vida, el 24 de mayo de 1896, a los treinta y cinco años, cinco meses y veintisiete días de edad.

Días antes, pretextando consultarse sobre una enfermedad, hizo que el médico le dibujara en la ropa interior el corazón, por el que vivía y por el que iba a morir. Metió en él una bala. La noche antes leyó, como de costumbre, en la cama. Dejó el libro abierto, como para continuar la lectura. Era una mañana de domingo; su familia en tanto asistía a los oficios religiosos del culto católico a rogar por los vivos y los muertos.

Dos o tres años antes había muerto su hermana Elvira, llevando a la tumba aromas de la común infancia y dejándole soledades. No pudo José Asunción conformarse con el hado. *El Nocturno* —¿qué historia habrá dentro de él?— fue su adiós a la vida. Iba allá donde acaso las sombras de las almas se juntan en una y hacen una sola sombra larga, muy larga, infinita, eterna, divina, una sombra tal vez radiante de luz.

¿Qué hizo en su vida? Sufrir, soñar, cantar. ¿Os parece poco? Sufrir, soñar, cantar y meditar el misterio.

Porque el misterio da vida a los mejores de sus cantos, y persiguiendo el misterio se cansó del camino de la tierra. Persiguiendo el misterio y tratando de encerrar en sus estrofas las pálidas cosas que sonríen, de aprisionar en el verso los fantasmas grises según iban pasando, como nos lo dice él mismo.

Fue una vida de soñador y de poeta, y de Silva cabe decir que es el poeta puro, sin mezcla ni aleación de otra cosa alguna. Y el mundo le rompió con el sueño la vida.

Murió de muerte; murió de tristeza, de ansiedad, de anhelo, de desencanto; murió tal vez para conocer cuanto antes el secreto de la muerte y de la vida.

Se lo preguntó muchas veces, «arrodillado y trémulo», a la tierra, aguardando en las soledades de ella la respuesta, y

> la tierra, casi siempre displicente y callada,
> al gran poeta lírico no le contestó nada.

Y como nada le contestase la tierra, bajó en busca de contestación a su seno, cuna y sepulcro de cuanto vive, adonde duerme «lo que fue y ya no existe», a dormir a sus anchas —¿sabedor acaso ya del enigma?—

> en una angosta sepultura fría,
> lejos del mundo y de la vida loca,
> en un negro ataúd de cuatro planchas
> con un montón de tierra entre la boca.

Y murió también de hambre. De hambre, sí; de hambre de saber sabiduría sustancial y eterna. Murió del mal del siglo, de un desaliento de la vida que en lo íntimo de él arraigó, del «mismo mal de Werther, de Rolla, de Manfredo y de Leopardi»,

> un cansancio de todo, un absoluto
> desprecio por la humano ... un incesante
> renegar de lo vil de la existencia
> digno de mi maestro Schopenhauer,
> un malestar profundo que se aumenta
> con todas las torturas del análisis.

Y para este terrible mal le recetaron los doctores madrugar, dormir largo, beber bien, comer bien, cuidarse, diciéndole que lo que tenía era hambre (Véase *El mal del siglo*). Y hambre era en verdad, hambre de eternidad.

* * *

Tal es la nota profunda de los cantos de Silva, el que se despojó por propia mano de la carga del vivir. Todas las demás son a modo de acordes o ormónicas de ella. Y entre éstas la nota erótica o, más bien amorosa, en cuanto se trate de amor a mujer.

Silva no es un poeta erótico, como no lo es, en rigor, ninguno de los más grandes poetas. Y estos grandes poetas, que no han hecho del amor a mujer ni el único ni siquiera el central sentimiento de la vida, son los que con más fuerza y originalidad y más intensidad de sentimiento han cantado el amor ese.

Se ha dicho que para aquellos que aman poco —a mujer, se entiende— ese amor les llena casi toda la vida, mientras que en aquellos que aman mucho el amor es una cosa subordinada y secundaria. Y no es paradoja, sino cuestión de capacidad espiritual. Este puede amar triple que aquél, y, sin embargo, no ocuparle el amor sino un tercio y en el otro dos tercios.

El amor de Silva, como en Werther, como en Manfredo, como en Leopardi, era un modo de dar pábulo a otros sentimientos; en el amor buscó —estoy de ello seguro— la respuesta de la Esfinge. Silva, en sus versos al menos, no se nos aparece un sensual, mucho menos un carnal. Es en ellos casto, castísimo.

No hay rastro en él de esa peste de la carnalidad que no solo mancha, sino arramplona y vulgariza las poesías de tantos de los que le han seguido.

Junto al eterno misterio, ¿qué es una noche de placer? A lo sumo un modo de acallar el susurro de él, y Silva no trató de acallarlo sino al despojarse de la vida.

Los jóvenes cuando salen de la infancia y antes de entrar en la virilidad, en esa edad indecisa y ambigua en que se dejó ya de ser niño y aun no se es hombre, se imaginan que los ojos de la novia son las estrellas mellizas en torno de las cuales gira sumiso el universo todo. Y llegan a creerse que todo arte y toda poesía se encienden no más que en la luz de esos ojos. Y, sin embargo, no es la hermosura de Elena, sino la ira de Aquiles el centro de la *Ilíada*; ni es, en rigor, Beatriz más que un pretexto para la *Divina Comedia*, ni es el amor el quicio cardinal único de las tragedias de Shakespeare, ni Dulcinea es más que un fantasma en el *Quijote*, ni Margarita otra cosa que un episodio en el *Fausto*.

Cuando en la literatura de un pueblo se da en cantar ante todo y sobre todo a la mujer por sí misma, es que ese pueblo está enervándose y rebajándose hasta en el amor.

Y Silva parece como si no pasara por esa edad indecisa y ambigua en, que sin serse ya niño no se es tampoco aun hombre, sino que su infancia, de la que tan dulces recuerdos cantan en sus cantos, se prolongó en su edad madura. ¿Madura? Cortó la madurez al sentir acaso que le ahogaba el verdor, al sentir como Leopardi que estamos despojando del verde a toda cosa.

Fue, en rigor, la tortura metafísica la que mató a Silva.

Silva de una manera balbuciente y primitiva, con un cierto candor y sencillez infantiles, es un poeta metafísico, aunque haya estetas impenitentes que se horroricen de verme ayuntar esos dos términos.

Silva me parece un niño grande que se asoma al brocal del eterno misterio, da en él una voz y se sobrecoge de sagrado terror religioso al recibir el eco de ella prolongado al infinito y perdiéndose en lontananzas ultracósmicas, en el silencio de las últimas estrellas.

* * *

Y este hombre ¿dónde se hizo? En Bogotá, en el fondo de Colombia, lejos del tumulto de las grandes avenidas de los pueblos, en un remanso, que aunque no sin sus tempestades interiores, se mantiene aparte de nuestras tormentas de más estrépito que sustancia.

Esa remota Colombia, a la que conocemos sobre todo por la *María*, de Jorge Isaacs, es para muchos de los que volvemos ojos inquisitivos a la América española un país de encanto. No ha mucho volvía yo a visitarlo en una novela de Tomás Carrasquilla y me parecía volver a la España campesina de hace unos siglos.

Bogotá —me lo han dicho los que la conocen— da la impresión de una ciudad antigua española, con su reposo cantado por el campaneo de los conventos. Para llegar a ella desde cualquier punto de la costa se necesitan varios días, parte de navegación fluvial, parte de jornadas en diligencia o caballería. Y para ir de unas a otras capitales largos viajes también, por escasear los medios rápidos de traslado.

Una población escasa, diseminada en un vasto territorio adonde no llegan las oleadas de emigrantes que inundan otras tierras americanas, una población que ha conservado como ninguna otra de la América española las tradiciones y sentimientos de la apacible colonia. Su lengua, el castellano que se habla y escribe en Colombia, es el que más dejos de casticismo tiene para nosotros; conserva ciertas voces y giros arcaicos que aquí van desapareciendo.

Al leer novelas y relatos, sobre todo de la región antioqueña, en el corazón de los Andes, de Carrasquilla, de Latorre, de Rendón, me ha parecido verme transportado a rincones de una España que solo fue o está yéndose.

En estas tierras, tan favorables para el arte y la poesía, las novedades europeas llegan, pero llegan despacio y llegan, acaso, tomizadas. De nosotros conocen las obras, no los hombres, es decir, lo mejor. Cuando va a dar a sus manos el último número de la última revista o el libro reciente, ya no huele a tinta fresca de imprimir.

Su vida social y política interior transcurre con una cierta relativa independencia de los movimientos que a la vez que agitan encadenan las historias de nuestros respectivos pueblos y es una vida que tiene, por lo tanto, su sello propio. Un sello que a los españoles nos resulta conocido. Cuando leí los recuerdos de la última guerra civil de allá, de Max Grillo, resurgía a mi mente los recuerdos de nuestra última guerra civil carlista. No pueden darse dos cosas más parecidas. Y allí parece presentarse el que llamamos problema religioso con los mismos caracteres con que aquí se presenta, y lo mismo que aquí creo que allí se presenta el fenómeno del paso de aquella sociedad recogida y patriarcal, pero timorata y tal vez gazmoña e hipócrita, a otra sociedad más batida y aireada a soplos de las hojas todas de las rosas de los vientos del espíritu.

Me imagino, creo que bien, lo que fuera una familia y la vida familiar en el seno de aquella sociedad en los tiempos en que Silva abría su alma al mundo, que son casi los mismos, con diferencia de solo cuatro años, en que yo abrí la mía en un ambiente que estimo no muy distinto del suyo. Y me imagino los vagabundeos del espíritu del poeta en la quietud tranquila de la vida bogotana, en los días iguales.

Digo en los días iguales porque a los que hemos nacido y vivido en estas latitudes de largos días de verano y largas noches de invierno, de este acortarse y alargarse las jornadas de Sol, cambio que pone una cierta novedad, siempre vieja, en el curso de nuestra vida, cambio que distribuye nuestro régimen, a nosotros nos es difícil representarnos lo que esa isócrona repartición del día y de la noche, lo que ese ritmo acompasado y siempre de la luz y las tinieblas —como balance de un péndulo— ha de influir en el ánimo. Un poeta colombiano no puede decirse como un poeta escocés que el crepúsculo de la puesta se abrazaba con el del alba con la breve ausencia del Sol. La noche de San Juan ni la de Navidad pueden tener allí el sentido que aquí tienen, porque la naturaleza no sirve a la tradición que llevaron los colonos, aunque la tradición perdure.

Pero esta monotonía, este ritmo pendular de los días y las noches, trae consigo una eterna primavera, una apacibilidad constante. ¿No se brizan y duermen en ellas las eternas inquietudes? ¿Y cuando se despiertan, no lo hacen acaso con cierto sobresalto, en la apacible y monótona procesión de los días y los meses?

Nos es difícil, repito, a los que hemos nacido, nos hemos criado y vivimos en zonas de invierno de largas noches y nieves, de verano de largos días y bochornos, que esperamos en cada estación la venidera y según sus vicisitudes arreglamos nuestras ocupaciones, nos es difícil imaginarnos la impresión que esa constancia de la naturaleza ha de imprimir en el espíritu.

Algo de esta impresión puede rastrearse, creo, en el ritmo pendular de los versos de Silva, en la marcha sosegada de sus estrofas, por dentro de las cuales circula la tristeza monótona del eterno sucederse de los días iguales de una inalterable primavera, ¿Hay acaso, a la larga, nada más triste que la eterna e imperturbable sonrisa de la tierra? ¿Hay nada más enigmático, nada más esfíngico?

* * *

Después de todas estas reflexiones que he ido dejando caer de mi espíritu lleno de las dulces resonancias de los cantos de Silva y ungido con la unción de su poesía, pensé en un principio hablar de cosas técnicas, de la factura del verso, de su música para el oído carnal, de otras cosillas análogas. Pero ahora me doy cuenta de que no es de este lugar.

Eso solo importa a los profesionales y no es a éstos a quienes ahora me dirijo, Ni quiero degradar la memoria de Silva tratándole como a un virtuoso de la literatura en verso. Todas las disputas de escuelas, de conventículos y de cotarros pasarán; pasarán los que creyeron conquistar un puesto en el Parnaso por haberse dejado llevar de la rutina de mañana, despreciando la de ayer; pasará el vocerío de los jóvenes profesionales —de esos que hacen de la juventud profesión llamándose a sí mismos con ridícula petulancia «nosotros, los jóvenes»—; pasarán las caramilladas hueras; pasará el pseudo-paganismo afrancesado, pasará... y quedará Silva, que clavó sus ojos en los ojos de la eterna Esfinge y bañó su corazón en el lago —lago de terrible quietud y calma de sobrehaz— de las perdurables e imperecederas inquietudes. Y quedará, además, porque esas inquietudes eternas las cantó como un niño, con simplicidad, porque el tuétano de sus sentimientos no va ligado a formas de escuela filosófica alguna. Silva volvió a descubrir lo que hace siglos estaba descubierto, hizo propias y nuevas las ideas comunes y viejas. Para Silva fue nuevo bajo el Sol el misterio de la vida; gustó, creó el estupor de Adán al encontrarse arrojado del paraíso; gustó el dolor paradisíaco.

Y Silva será un día orgullo de esta nuestra casta hispánica, que le produjo allá, en el sosiego primaveral de la jugosa Colombia, en el remanso Bogotá. ¿Quién sabe si cuando claman el cielo las lenguas broncíneas de sus campanarios no se unen a su canto los cantos de José Asunción Silva como un entrañable *miserere*?

Miserere, Domine; compadécete, Señor, de tu siervo y concédele la dulce paz de la infancia, por la que tanto suspiró en los cantos que Tú le inspiraste.

Salamanca, marzo de 1908

Poemas

A veces, cuando en alta noche

A veces, cuando en alta noche tranquila
sobre las teclas vuela tu mano blanca,
como una mariposa sobre una lila
y al teclado sonoro notas arranca,
cruzando del espacio la negra sombra
filtran por la ventana rayos de Luna,
que trazan luces largas sobre la alfombra,
y en alas de las notas a otros lugares,
vuelan mis pensamientos, cruzan los mares,
y en gótico castillo donde en las piedras
musgosas por los siglos, crecen las yedras,
puestos de codos ambos en tu ventana
miramos en las sombras morir el día
y subir de los valles la noche umbría
y soy tu paje rubio, mi castellana,
y cuando en los espacios la noche cierra,
el fuego de tu estancia los muebles dora,
y los dos nos miramos y sonreímos
mientras que el viento afuera suspira y llora!
....

¡Cómo tendéis las alas, ensueños vanos,
cuando sobre las teclas vuelan sus manos!

Poeta, di paso

¡Poeta!, di paso
¡los furtivos besos!...
¡La sombra! ¡Los recuerdos! La Luna no vertía
allí ni un solo rayo... Temblabas y eras mía.
Temblabas y eras mía bajo el follaje espeso,
una errante luciérnaga alumbró nuestro beso,
el contacto furtivo de tus labios de seda...
La selva negra y mística fue la alcoba sombría...
En aquel sitio el musgo tiene olor de reseda...
Filtró luz por las ramas cual si llegara el día,
entre las nieblas pálidas la Luna aparecía...
Poeta, di paso
¡los íntimos besos!

¡Ah, de las noches dulces me acuerdo todavía!
En señorial alcoba, do la tapicería
amortiguaba el ruido con sus hilos espesos
desnuda tú en mis brazos fueron míos tus besos;
tu cuerpo de veinte años entre la roja seda,
tus cabellos dorados y tu melancolía
tus frescuras de virgen y tu olor de reseda...
Apenas alumbraba la lámpara sombría
los desteñidos hilos de la tapicería.
Poeta, di paso
¡el último beso!

¡Ah, de la noche trágica me acuerdo todavía!
¡El ataúd heráldico en el salón yacía,
mi oído fatigado por vigilias y excesos,
sintió como a distancia los monótonos rezos!

¡Tú, música, yerta y pálida entre la negra seda,
la llama de los cirios temblaba y se movía,
perfumaba la atmósfera un olor de reseda,
un crucifijo pálido los brazos extendía
y estaba helada y cárdena tu boca que fue mía!

Una noche

Una noche
una noche toda llena de perfumes, de murmullos
y de música de alas,
Una noche
en que ardían en la sombra nupcial
y húmeda, las luciérnagas fantásticas,
a mi lado, lentamente, contra mí ceñida, toda,
muda y pálida
como si un presentimiento de amarguras infinitas,
hasta el fondo más secreto de tus fibras te agitara,
por la senda que atraviesa la llanura florecida
caminabas,
y la Luna llena
por los cielos azulosos, infinitos y profundos
esparcía su luz blanca,
y tu sombra
fina y lánguida
y mi sombra
por los rayos de la Luna proyectada
sobre las arenas tristes
de la senda se juntaban.
Y eran una
y eran una
¡y eran una sola sombra larga!
¡y eran una sola sombra larga!
¡y eran una sola sombra larga!
Esta noche
solo, el alma
llena de las infinitas amarguras y agonías de tu muerte
separado de ti misma, por la sombra, por el tiempo

y la distancia,
por el infinito negro,
donde nuestra voz no alcanza,
solo y mudo
por la senda caminaba,
y se oían los ladridos de los perros a la Luna,
a la Luna pálida
y el chillido
de las ranas,
sentí frío, era el frío que tenían en la alcoba
tus mejillas y tus sienes y tus manos adoradas,
entre las blancuras níveas
¡de las mortuorias sábanas!
Era el frío del sepulcro, era el frío de la muerte,
Era el frío de la nada...
Y mi sombra
por los rayos de la Luna proyectada,
iba sola,
iba sola
¡iba sola por la estepa solitaria!
Y tu sombra esbelta y ágil
fina y lánguida,
como en esa noche tibia de la muerta primavera,
como en esa noche llena de perfumes, de murmullos
y de músicas de alas,
se acercó y marchó con ella,
se acercó y marchó con ella,
se acercó y marchó con ella... ¡Oh las sombras enlazadas!
¡Oh las sombras que se buscan y se juntan
en las noches de negruras y de lágrimas!...

Midnight Dreams

Anoche, estando solo y ya medio dormido,
mis sueños de otras épocas se me han aparecido.
Los sueños de esperanzas, de glorias, de alegrías
y de felicidades que nunca han sido mías,
se fueron acercando en lentas procesiones
y de la alcoba oscura poblaron los rincones
hubo un silencio grave en todo el aposento
y en el reloj la péndola
detúvose al momento.
La fragancia indecisa de un olor olvidado,
llegó como un fantasma y me habló del pasado.
Vi caras que la tumba desde hace tiempo esconde,
y oí voces oídas ya no recuerdo dónde.
....
Los sueños se acercaron y me vieron dormido,
se fueron alejando, sin hacerme ruido
y sin pisar los hilos sedosos de la alfombra
y fueron deshaciéndose y hundiéndose en la sombra.

Luz de Luna

Ella estaba con él...
A su frente
    pensativa y pálida,
penetrando al través de las rejas
    de antigua ventana
de la Luna naciente venían
    los rayos de plata,
él estaba a sus pies, de rodillas,
    perdido en las vagas
visiones que cruzan en horas felices
    los cielos del alma!
Con las trémulas manos asidas,
con el mudo fervor de los que aman,
palpitando en los labios los besos,
    entrambos hablaban
    el lenguaje mudo
    sin voz ni palabras
que en momentos de dicha suprema,
tembloroso el espíritu habla...
....
El silencio que crece... la brisa
    que besa las ramas,
dos seres que tiemblan, la luz de la Luna
    que el paisaje baña,
¡amor un instante detén allí el vuelo,
murmura tus himnos de triunfo y recoge las alas!
....
Unos meses después, él dormía
    bajo de una lápida
el último sueño de que nadie vuelve

el último sueño de paz y de calma.
....

  Anoche, una fiesta
con su grato bullicio animaba
de ese amor el tranquilo escenario.
¡Oh burbujas del rubio champaña!
¡Oh perfume de flores abiertas!
¡Oh girar de desnudas espaldas!
¡Oh cadencias del valse que mueve
torbellinos de tules y gasas!
Allí estuvo, más linda que nunca,
por el baile tal vez agitada
se apoyó levemente en mi brazo,
  dejamos las salas
y un instante después penetramos
  en la misma estancia
que un año antes no más la había visto
  temblando callada,
cerca de él!...
  ...Amorosos recuerdos,
  tristezas lejanas,
cariñosas memorias que vibran,
  como sones de arpa,
  tristezas profundas
del amor, que en sollozos estallan,
  presión de sus manos,
  son de sus palabras,
  calor de sus besos,
¿por qué no volvisteis a su alma?...
....

A su pecho no vino un suspiro
a sus ojos no vino una lágrima
ni una nube nubló aquella frente

pensativa y pálida
y mirando los rayos de Luna
que al través de la reja llegaban,
murmuró con su voz donde vibran,
como notas y cantos y músicas de campanas
vibrantes de plata:
qué valses tan lindos!
¡qué noche tan clara!

Triste

Cuando al quererlo la suerte
se mezclan a nuestras vidas,
de la ausencia o de la muerte,
las penas desconocidas,
y, envueltos en el misterio
van, con rapidez que asombra,
amigos al cementerio,
ilusiones a la sombra,
la intensa voz de ternura
que vibra en el alma amante
como entre la noche oscura
una campana distante,
saca recuerdos perdidos
de angustias y desengaños
que tienen ocultos nidos
en las ruinas de los años.
Y que al cruzar aleteando
por el espacio sombrío
van en el ser derramando
sueños de angustia y de frío
hasta que alguna lejana,
idea consoladora,
que irradia en el alma humana
como con lumbre de aurora,
en su lenguaje difuso
entabla con nuestros duelos
el gran diálogo confuso
de las tumbas y los cielos.

Madrigal

Tu tez rosada y pura; tus formas gráciles
de estatua de Tanagra; tu olor de lilas;
el carmín de tu boca de labios tersos;
las miradas ardientes de tus pupilas;
el ritmo de tu paso; tu voz velada;
tus cabellos que suelen, si los despeina
tu mano blanca y fina, toda hoyuelada,
cubrirte con un rico manto de reina;
tu voz, tus ademanes, tú... no te asombre:
todo eso está, ya a gritos, pidiendo un hombre.

Egalité

Juan Lanas, el mozo de esquina,
es absolutamente igual
al Emperador de la China:
los dos son el mismo animal.
Juan Lanas cubre su pelaje
con nuestra manta nacional;
el gran magnate lleva un traje
de seda verde excepcional.
Del uno cuidan cien dragones
de porcelana y de cristal;
Juan Lanas carga maldiciones
y gruesos fardos por un real,
pero si alguna mandarina
siguiendo el instinto sexual
al Emperador se avecina
en el traje tradicional
que tenía nuestra madre Eva
en aquella tarde fatal
en que se comieron la breva
del árbol del Bien y del Mal,
y si al mismo Juan una Juana
se entrega por modo brutal
y palpita la bestia humana
en un solo espasmo sexual,
Juan Lanas, el mozo de esquina,
es absolutamente igual
al Emperador de la China:
los dos son el mismo animal.

Nocturno

Oh dulce niña pálida, que como un montón de oro
de tu inocencia cándida conservas el tesoro;
  a quien los más audaces, en locos devaneos
  jamás se han acercado con carnales deseos;
tú, que adivinar dejas inocencias extrañas
en tus ojos velados por sedosas pestañas,
  y en cuyos dulces labios —abiertos solo al rezo
  jamás se habrá posado ni la sombra de un beso...
Dime quedo, en secreto, al oído, muy paso,
con esa voz que tiene suavidades de raso:
  si entrevieras en sueños a aquél con quien tú sueñas
  tras las horas de baile rápidas y risueñas,
y sintieras sus labios anidarse en tu boca
y recorrer tu cuerpo, y en su lascivia loca
  besar todos sus pliegues de tibio aroma llenos
  y las rígidas puntas rosadas de tus senos;
si en los locos, ardientes y profundos abrazos
agonizar soñaras de placer en sus brazos,
  por aquel de quien eres todas las alegrías,
  ¡oh dulce niña pálida!, di, ¿te resistirías?...

Las ondinas

En la región oculta de las ninfas
El sesgo rayo a penetrar alcanza
Y alumbra al pie de despeñadas linfas
De las ondinas la nocturna danza.
Diego Fallón

Es la hora en que los muertos se levantan
mientras que duerme el mundo de los vivos,
en que el alma abandona el frágil cuerpo
y sueña con lo santo y lo infinito
....
Vierte la Luna plateados rayos
que reflejan las ondas en el río
y que iluminan, con sus tintes vagos
los medrosos despojos de un Castillo.
Todo es silencio allí, do en otro tiempo
hubo bullicio y locas alegrías...
¡Pero mirad! son vaporosas sombras
las que en la oscura selva se deslizan.
¡Ah! no temáis no son aterradores
fantasmas de otros tiempos —son ondinas;
mirad cómo se abrazan y confunden
cómo raudas por el aire giran,
apenas tocan con el pie ligero
del prado la mullida superficie.
Ya se avanzan... girando en la espesura
o se sumergen en las ondas límpidas;
y al compás de una música que suena
como el lejano acorde una lira
elévanse, empujadas por el leve

viento que sus cabellos acaricia...
Pero callad... alumbra el horizonte
con sus primeros tintes nuevo día,
y las sombras se pierden al borrarse
del bosque entre las húmedas neblinas.

Suspiro

A A. de W.

Si en tus recuerdos ves algún día
entre la niebla de lo pasado
surgir la triste memoria mía
medio borrada ya por los años,
piensa que fuiste siempre mi anhelo
y si el recuerdo de amor tan santo
mueve tu pecho; nubla tu cielo,
llena de lágrimas tus ojos garzos;
¡ah! no me busques aquí en la tierra
donde he vivido, donde he luchado,
sino en el reino de los sepulcros
donde se encuentran paz y descanso!

Junio 2 de 1881

Adriana

Double virginité
Corps où rien n'est immonde
Ame où rien n'est impure.
Victor Hugo
Feuilles d'automne

Noble como la cándida adorada
del inmortal poeta florentina,
corona de la frente inmaculada
  el dorado cabello
que sobre el hombro flota en blondos rizos,
perdida en el espacio la mirada
como se pierde en su conjunto bello
la de aquél que contempla sus hechizos.

Hay infinita luz que reverbera
en el azul de sus divinos ojos
cual de limpio zafiro en los cristales.
Una expresión de majestad serena
de pudor y recato virginales
vela la gracia de sus labios rojos,
y es a la vez misterioso encanto,
lumbre, murmullo, vibración y canto!

Su voz tiene las notas armoniosas
de la del ave que en blando nido
de su impotencia de volar se queja,
llena de suavidad, llena de calma
su cariñosa frase siempre deja
una estela de perlas en el alma.

Tiene la delicada transparencia
de las húmedas hojas de las lilas
y ni una leve mancha en la conciencia
y ni una leve sombra en las pupilas.

Es una reunión encantadora
de lo más dulce que la vida encierra
a los rosados rayos de la aurora
hecha, del aire en los azules velos,
con lo más delicado de la tierra
y lo más delicado de los cielos!

Septiembre de 1882

Idilio

Sencilla y grata vida de la aldea
levantarse al nacer de la mañana
cuando su luz en la extensión clarea
y se quiebra en la cúpula lejana,
vagar a la ventura en el boscaje...
Espiar en los recodos del camino
el momento en que el ave enamorada
   oculta en el follaje
sus esperanzas y sus dichas canta.
   En rústica vasija
   coronada de espuma
libar la leche, contemplar la bruma
que en el fondo del valle se levanta,
el aire respirar embalsamado
con los suaves olores
   de la savia y las flores,
tomar fuerza en la calma majestuosa
donde la vida universal germina,
   en ignotos lugares
que no ha hollado la vana muchedumbre
en el bosque de cedros seculares
del alto monte en la empinada cumbre;
después, tranquilamente
bañarse en el remanso de la fuente.
   Con el rural trabajo
que a los músculos da fuerza de acero
y que las fuentes abre de riqueza
endurecer el brazo fatigado
y devolverle calma a la cabeza,
sin fatigas, sin penas, sin engaños

dejar correr los años
y en la postrera
descansar, no en lujoso monumento
sino bajo el follaje
del verde sauce a su tranquila sombra,
cabe la cruz piadosa.

Armonías

A M. Valenzuela

Cual la naturaleza
de la que forma parte y es fiel copia
el alma humana tiene ocultas fuerzas
silencios, luces, músicas y sombras.

Vagas nieblas también... las ilusiones
que el paisaje embellecen cuando brillan
y que desaparecen cuando asomas,
Sol de la realidad que las disipas...

Y como en sucesión jamás turbada
todo nace en la tierra y todo muere,
en el mundo ideal de los espíritus
rigen eternas, semejantes leyes:

Brotan sobre las tumbas de los muertos
las flores, mensajeras de alegría;
sobre la tumba de un amor llorado
brotan ensueños de tristeza mística.

Octubre 27 de 1882

Realidad

A M...

En el dulce reposo de la tarde
cuando al ponerse el Sol en occidente
su luz dorada, de la vida fuente,
como una hoguera en los espacios arde,
o de la noche en el silencio umbrío
cuando la Luna con fulgor de plata
alumbra a trechos el sonante río
y en sus límpidas ondas se retrata,
entre las sombras de la vida hay horas
en que la realidad que nos circuye
a detener el ímpetu no alcanza
de nuestra alma que a lo lejos huye
y a la región de lo ideal se lanza...

Y entonces cuando pienso en tus amores
nuestras dos vidas deslizarse veo
no cual la realidad que aja sus flores
sino cual la ilusión de tu deseo.
No por las conveniencias separados,
soñando tú conmigo, yo en tus sueños,
sino juntos los dos en los collados
  de la Arcadia risueños;
asidos por las manos a lo lejos
buscando el fin de la campiña amena
a los pálidos rayos de la Luna.
O del ardiente Sol a los reflejos,
dejando transcurrir una por una
las no cantadas horas venturosas
que no mancha la sombra de una pena

libando amor... y deshojando rosas...
Del verdor y del musgo en lo sombrío
ocultos en lo ignoto del boscaje
radiante aún de gotas de rocío
de virgen fuerza y de vigor salvaje;
sentados a la orilla del torrente
tú escuchando los ecos del follaje
yo acariciando —trémula la mano—
tus rizos al caer sobre tu frente...
....

Otras veces trayendo a la memoria
los fantasmas de un tiempo ya pasado
junto con ellos cual sencilla historia
los ideales de tu amor soñado.
Y es entonces un gótico castillo
de altivas torres de musgosas piedras
en cuyo muro gris crecen las hiedras
teatro de nuestro amor santificado.
Y en reducida y perfumada estancia
cuyos tapices abrillanta y dora
el fuego de la antigua chimenea,
juntos los dos oímos a distancia
diciéndonos protestas de ternura
la voz del agua que al perderse llora
y el viento que en los árboles cimbrea
entre el silencio de la noche oscura.

O en frágil barca en plácida mañana
de lago azul flotando en los cristales
con la mirada errantes contemplamos
el cielo, la ribera, los juncales,
y las nieblas que inciertas, vaporosas,
van a perderse en la región lejana

como se pierda la esperanza humana
o el postrimer aroma de las rosas.
Mas cuando el alma en sus ensueños flota,
la realidad asoma de improviso
no más resuena la encantada nota...
Brotan espinas do la rosa brota,
y en cruel se torna el paraíso.

Vuelvo a mirar... y pienso que nacimos
para vivir por siempre separados,
que no es una la senda que seguimos
y que la lumbre que cercana vimos
fue visión de tu amor y tus cuidados.

Y al comparar la realidad penosa
con los paisajes de ideal que miro
en el fondo del alma lastimosa
para tu dulce amor —niña piadosa—
para tu dulce amor surge un suspiro.

Octubre 24 de 1882

Crepúsculo

En la tarde, en las horas del divino
  crepúsculo sereno,
se pueblan de tinieblas los espacios
  y las almas de sueños.

¡Sobre un fondo de tonos nacarados
  la silueta del templo
las altas tapias del jardín antiguo
  y los árboles negros,
cuyas ramas semejan un encaje
  movidas por el viento
se destacan oscuras, melancólicas
  como un extraño espectro!

En estas horas de solemne calma
  vagan los pensamientos
y buscan a la sombra de lo ignoto
  la quietud y el silencio.
Se recuerdan las caras adoradas
  de los queridos muertos
que duermen para siempre en el sepulcro
  y hace tanto no vemos.
Bajan sobre las cosas de la vida
  las sombras de lo eterno
y las almas emprenden su viaje
  al país del recuerdo.
También vamos cruzando lentamente
  de la vida el desierto
también en el sepulcro helada sima
  más tarde dormiremos.

¡Que en la tarde, en las horas del divino
   crepúsculo sereno
se pueblan de tinieblas los espacios
   y las almas de sueños!

Diciembre 14 de 1882

A Adriana

Mientras que acaso piensa tu tristeza
en la patria distante y sientes frío
al mirar donde estás, y el desvarío
de la fiebre conmueve tu cabeza,

yo soñando en tu amor y en tu belleza,
amor jamás por mi desgracia mío
de la profundidad de mi alma, envío
a la pena un saludo de terneza.

Si cuando va mi pensamiento errante
a buscarte en parejas de otro mundo
con la nostalgia se encontrara a solas

sobre las aguas de la mar gigante
entre el cielo purísimo y profundo
y el vaivén infinito de las olas.

Abril 11 de 1883

Melancolía

De todo lo velado,
tenue, lejana y misteriosa surge
vaga melancolía
que del ideal al cielo nos conduce.

He mirado reflejos de ese cielo
en la brillante lumbre
con que ahuyenta las sombras, la mirada
de sus ojos azules.

Leve cadena de oro
que una alma a otra alma con sus hilos une
oculta simpatía,
que en lo profundo de lo ignoto bulle,
y que en las realidades de la vida
se pierde y se consume
cual se pierde una gota de rocío
sobre las yerbas que el sepulcro cubren.

Abril 24 de 1883

Crepúsculo

Tableau mistérieux que la
vue offre à la pensée.
Charles Nodier

Es la hora de misterio en que el labriego
al resonar del Ángelus el toque
adiós que dice al moribundo día,
la campanada bronca,
en su casita blanca, a lento paso
 humilde se recoge.
Es la hora en que las nubes del poniente
 de fuego orlan las tardes,
en que el Sol de los muertos ilumina
 los prados y los bosques,
y el ángel de la tarde a Dios conduce
 las mudas oraciones,
es la hora en que levantan de los lagos
 las nieblas sin colores,
como del fondo oscuro del espíritu
 los coros de visiones
en que en feéricos cuentos invocados
 o en relatos informes
tornaban a las estancias de los niños
 los duendes protectores,
es la hora de dulcísima armonía
 y de místicas voces,
en que al través de nieblas y de brumas,
 ansiosa el alma torna
a los felices días de la infancia
 que pasaron veloces,

es la hora en que la brisa entre los árboles
   tiene vagos rumores,
es la hora en que la vida se adormece
   al beso de la noche.

Julio 5 de 1883

La ventana

Oh temps évanouis! O splendeur éclipsées
Oh soleils descendus derrière l'horizon!
Victor Hugo

Al frente de un balcón, blanco y dorado,
obra de nuestro siglo diez y nueve
hay en la estrecha calle una muy vieja
ventana colonial. Bendita rama
adorna la gran reja,
de barrotes de hierro colosales,
que tiene en lo más alto un monograma
hecho de incomprensibles iniciales.
A la lumbre postrera
del Sol en occidente, ¿quién no espera,
mirar allí, sombría,
medio perdida en la rizada gola,
la cabeza severa
de algún oidor, o los oscuros ojos
de una dama española
de nacarada tez y labios rojos,
que al venir de la hermosa Andalucía
a la colonia nueva
el germen de letal melancolía
por el recuerdo de la patria lleva?
¡Pero no, ni las sombras le han quedado
de los que vio perderse en el pasado;
loca turba infantil la invade ahora,
uno ríe, otro llora;
a la palma bendita
la niña arranca retejida rama,

y mientras uno al compañero llama
con incansable afán el otro grita.
No guarda su memoria
de la ventana la vetusta historia
y solo en ella fija
la atención el poeta,
para quien tienen una voz secreta
los líquenes grisosos
que al nacer en la estatua alabastrina,
del beso de los siglos son señales,
y a quien narran poemas misteriosos
las sombras de las viejas catedrales!

Hoy hace más de un siglo, ha muchos años,
ella escuchó la cántiga española
que tristes desengaños,
o desventuras amorosas narra
de la alta noche en la quietud serena,
acompañada en la gentil guitarra,
por noble caballero
a quien tornara con la estrofa grata
el recuerdo de alegre serenata
dada en la aristocrática Sevilla,
cabe el Guadalquivir, do en claras noches
la calada Giralda se retrata
y la luz de la Luna limpia brilla.

La brisa, dulce y leve,
como las vagas formas del deseo,
llevó al pasar por los barrotes duros,
aroma de azahares y de lirios,
en las risueñas fiestas de himeneo,
juramentos de amor, santos y puros,

de mortuorios cirios
el triste olor, las plácidas historias,
conque la noble abuela
al rubio nieto adormeció en la cuna
y la oración que hacia los cielos vuela
suave como los rayos de la Luna.

Inútil, allí, a solas,
ella miró pasar generaciones,
como pasan, con raudo movimiento,
sobre la playa las marinas olas
en la sombra los coros de visiones
y las aristas leves en el viento;
y ora mira la turba de los niños
de risueñas mejillas sonrosadas,
que al asomar tras de la fuerte reja
sonriente semeja
un ramo de camelias encarnadas!

¡Ay! todo pasará, —niñez risueña,
juventud sonriente,
edad viril que en el futuro sueña,
vejez llena de afán...
  Tal vez mañana,
cuando de aquellos niños queden solo
las ignotas y viejas sepulturas
aún tenga el mismo sitio la ventana.

Agosto 1.º de 1883

Al oído del lector

No fue pasión aquello,
fue una ternura vaga
lo que inspiran los niños enfermizos,
los tiempos idos y las noches pálidas.

El espíritu solo
al conmoverse canta:
cuando el amor lo agita poderoso
tiembla, medita, se recoge y calla.

Pasión hubiera sido
en verdad; estas páginas
en otro tiempo más feliz escritas
no tuvieran estrofas sino lágrimas.

Juntos los dos

Juntos los dos reímos cierto día...
¡Ay, y reímos tanto
que toda aquella risa bulliciosa
se tornó pronto en llanto!

¡Después, juntos los dos, alguna noche,
reímos mucho, tanto,
que quedó como huella de las lágrimas
un misterioso encanto!

¡Nacen hondos suspiros, de la orgía
entre las copas cálidas
y en el agua salobre de los mares,
se forjan perlas pálidas!

Vejeces

Las cosas viejas, tristes, desteñidas,
sin voz y sin color, saben secretos
de las épocas muertas, de las vidas
que ya nadie conserva en la memoria,
y a veces a los hombres, cuando inquietos
las miran y las palpan, con extrañas
voces de agonizante dicen, paso,
casi al oído, alguna rara historia
que tiene oscuridad de telarañas,
son de laúd, y suavidad de raso.

¡Colores de anticuada miniatura,
hoy, de algún mueble en el cajón, dormida;
cincelado puñal; carta borrosa,
tabla en que se deshace la pintura
por el tiempo y el polvo ennegrecida;
histórico blasón, donde se pierde
la divisa latina, presuntuosa,
medio borrada por el liquen verde;
misales de las viejas sacristías;
de otros siglos fantásticos espejos
que en el azogue de las lunas frías
guardáis de lo pasado los reflejos;
arca, en un tiempo de ducados llena,
crucifijo que tanto moribundo,
humedeció con lágrimas de pena
y besó con amor grave y profundo;
negro sillón de Córdoba; alacena
que guardaba un tesoro peregrino
y donde anida la polilla sola;

sortija que adornaste el dedo fino
de algún hidalgo de espadín y gola;
mayúsculas del viejo pergamino;
batista tenue que a vainilla hueles;
seda que te deshaces en la trama
confusa de los ricos brocateles;
arpa olvidada que al sonar, te quejas;
barrotes que formáis un monograma
incomprensible en las antiguas rejas,
el vulgo os huye, el soñador os ama
y en vuestra muda sociedad reclama
las confidencias de las cosas viejas!
¡El pasado perfuma los ensueños
con esencias fantásticas y añejas
y nos lleva a lugares halagüeños
en épocas distantes y mejores,
por eso a los poetas soñadores,
les son dulces, gratísimas y caras,
las crónicas, historias y consejas,
las formas, los estilos, los colores
las sugestiones místicas y raras
y los perfumes de las cosas viejas!

Estrellas que entre lo sombrío

Estrellas que entre lo sombrío,
de lo ignorado y de lo inmenso,
asemejáis en el vacío,
jirones pálidos de incienso,

nebulosas que ardéis tan lejos
en el infinito que aterra
que solo alcanzan los reflejos
de vuestra luz hasta la tierra,

astros que en abismos ignotos
derramáis resplandores vagos,
constelaciones que en remotos
tiempos adoraron los Magos,

millones de mundos lejanos,
flores de fantástico broche,
islas claras en los océanos,
sin fin, ni fondo de la noche,

¡estrellas, luces pensativas!
¡estrellas, pupilas inciertas!
¿Por qué os calláis si estáis vivas
y por qué alumbráis si estáis muertas?...

Las voces silenciosas

¡Oh voces silenciosas de los muertos!
Cuando la hora muda
y vestida de fúnebres crespones,
desfilar haga ante mis turbios ojos
sus fantasmas inciertos,
sus pálidas visiones...

¡Oh voces silenciosas de los muertos!
En la hora que aterra
no me llaméis hacia el pasado oscuro,
donde el camino de la vida cruza
los valles de la tierra.
¡Oh voces silenciosas de los muertos!
Llamadme hacia la altura
donde el camino de los astros corta
la gélida negrura;
hacia la playa donde el alma arriba,
llamadme entonces, voces silenciosas,
¡hacia arriba!... ¡hacia arriba!...

Enfermedades de la niñez

A una boca vendida,
a una infame boca,
cuando sintió el impulso que en la vida
a locuras supremas nos provoca,
dio el primer beso, hambriento de ternura
en los labios sin fuerza, sin frescura.
No fue como Romeo
al besar a Julieta;
el cuerpo que estrechó cuando el deseo
ardiente aguijoneó su carne inquieta,
fue el cuerpo vil de vieja cortesana,
Juana incansable de la tropa humana.
Y el éxtasis divino
que soñó con delicia
lo dejó melancólico y mohíno
al terminar la lúbrica caricia.
Del amor no sintió la intensa magia
y consiguió... una buena blenorragia.

Crisálidas

Cuando enferma la niña todavía
  salió cierta mañana
y recorrió, con inseguro paso
  la vecina montaña,
trajo, entre un ramo de silvestres flores
  oculta una crisálida,
que en su aposento colocó, muy cerca
  de la camita blanca...
....
Unos días después, en el momento
  en que ella expiraba,
y todos la veían, con los ojos
  nublados por las lágrimas,
en el instante en que murió, sentimos
  leve rumor de alas
y vimos escapar, tender al vuelo
  por la antigua ventana
que da sobre el jardín, una pequeña
  mariposa dorada...
....
La prisión, ya vacía, del insecto
  busqué con vista rápida;
al verla vi de la difunta niña
  la frente mustia y pálida,
y pensé ¿si al dejar su cárcel triste
  la mariposa alada,
la luz encuentra y el espacio inmenso,
  y las campestres auras,
al dejar la prisión que las encierra
  qué encontrarán las almas?

Crepúsculo

Junto a la cuna aún no está encendida
la lámpara tibia, que alegra y reposa,
y se filtra opaca, por entre cortinas
de la tarde triste la luz azulosa.

Los niños cansados suspenden los juegos,
de la calle vienen extraños ruidos,
en estos momentos, en todos los cuartos,
se van despertando los duendes dormidos.

La sombra que sube por los cortinajes,
para los hermosos oyentes pueriles,
se puebla y se llena con los personajes
de los tenebrosos cuentos infantiles.

Flota en ella el pobre Rin Rin Renacuajo,
corre y huye el triste Ratoncito Pérez,
y la entenebrece la forma del trágico
Barba Azul, que mata sus siete mujeres.

En unas distancias enormes e ignotas,
que por los rincones oscuros suscita,
andan por los prados el Gato con Botas,
y el Lobo que marcha con Caperucita.

Y, ágil caballero, cruzando la selva,
do vibra el ladrido fúnebre de un gozque,
a escape tendido va el Príncipe Rubio
a ver a la Hermosa Durmiente del Bosque.
....

Del infantil grupo se levanta leve
argentada y pura, una vocecilla,
que comienza: «¡Entonces se fueron al baile
y dejaron sola a la Cenicentilla!

Se quedó la pobre triste en la cocina,
de llanto de pena nublados los ojos,
mirando los juegos extraños que hacía
en las sombras negras los carbones rojos.

¡Pero vino el Hada que era su madrina,
le trajo un vestido de encaje y crespones,
le hizo un coche de oro de una calabaza,
convirtió en caballos unos seis ratones,

le dio un ramo enorme de magnolias húmedas,
unos zapaticos de vidrio, brillantes,
y de un solo golpe de la vara mágica
las cenizas grises convirtió en diamantes!».
....

¡Con atento oído las niñas la escuchan,
las muñecas duermen, en la blanda alfombra
medio abandonadas, y en el aposento
la luz disminuye, se aumenta la sombra!
....

¡Fantásticos cuentos de duendes y hadas,
llenos de paisajes y de sugestiones,
que abrís a lo lejos amplias perspectivas
a las infantiles imaginaciones!

Cuentos que nacisteis en ignotos tiempos
y que vais, volando, por entre lo oscuro,
desde los potentes Aryos primitivos,
hasta las enclenques razas del futuro.

Cuentos que repiten sencillas nodrizas
muy paso, a los niños, cuando no se duermen,
y que en sí atesoran del sueño poético
el íntimo encanto, la esencia y el germen.

Cuentos más durables que las convicciones
de graves filósofos y sabias escuelas,
y que rodeasteis con vuestras ficciones,
Las cunas doradas de las bisabuelas.

¡Fantásticos cuentos de duendes y hadas
que pobláis los sueños confusos del niño,
el tiempo os sepulta por siempre en el alma
y el hombre os evoca, con hondo cariño!

Muertos

En los húmedos bosques, en otoño,
al llegar de los fríos, cuando rojas,
vuelan sobre los musgos y las ramas
en torbellinos, las marchitas hojas,
la niebla al extenderse en el vacío
le da al paisaje mustio un tono incierto
y el follaje do huyó la savia ardiente
tiene un adiós para el verano muerto
   y un color opaco y triste
   como el recuerdo borroso
   de lo que fue y ya no existe.

En los antiguos cuartos hay armarios
que en el rincón más íntimo y discreto,
de pasadas locuras y pasiones
guardan, con un aroma de secreto,
viejas cartas de amor, ya desteñidas
que obligan a evocar tiempos mejores,
y ramilletes negros y marchitos,
que son como cadáveres de flores
   y tienen un olor triste
   como el recuerdo borroso
   de lo que fue y ya no existe.

¡Y en las almas amantes cuando piensan
en perdidos afectos y ternuras
que de la soledad de ignotos días
no vendrán a endulzar horas futuras,
hay el hondo cansancio que en la lucha,
acaba de matar a los heridos,

vago como el color del bosque mustio
como el olor de los perfumes idos,
y el cansancio aquél es triste
como el recuerdo borroso
de lo que fue y ya no existe!

Idilio

—Ella lo idolatró y Él la adoraba...
  —Se casaron al fin?
—No, señor, Ella se casó con otro.
  —¿Y murió de sufrir?
  —No, señor, de un aborto.
—¿Y Él, el pobre, puso a su vida fin?
—No, señor, se casó seis meses antes
del matrimonio de Ella, y es feliz.

Estrellas fijas

Cuando ya de la vida
el alma tenga, con el cuerpo, rota,
y duerma en el sepulcro
esa noche, más larga que las otras,

mis ojos, que en recuerdo
del infinito eterno de las cosas,
guardaron solo, como de un ensueño,
la tibia luz de tus miradas hondas,

al ir descomponiéndose
entre la oscura fosa,
verán, en lo ignorado de la muerte,
tus ojos... destacándose en las sombras.

La calavera

En el derruido muro
de la huerta del convento,
en un agujero oscuro
donde, al pasar, silba el viento,

y, como una dolorida
queja a las piedras arranca,
hay, en el fondo, escondida
una calavera blanca.

De algún fraile soñador
de vida ejemplar y bella
y dedicada al Señor,
en el mundo única huella.

Abre los ojos, sin fondo,
como a visiones extrañas,
y del vacío en lo hondo
forjan telas las arañas.

Húmedo musgo grisoso
recubre la antigua grieta,
donde, en supremo reposo,
descansa ignorada y quieta.

Pero hasta aquella escondida
mansión la brisa ligera
lleva murmullos de vida
y olores de primavera.

Golondrinas, que en sus marchas
dejaron el patrio río,
huyendo de las escarchas,
de las brumas y del frío,

cuando la luz del Poniente
filtra por el hondo hueco
y hace parecer viviente
el cráneo rígido y seco,

desde las negras ruinas,
alzan sosegado vuelo,
en sus vueltas peregrinas
tocan las ramas y el suelo,

como buscando en el prado,
ya por la tarde, sombrío,
el espíritu elevado
que habitó el cráneo vacío.

A un pesimista

Hay demasiada sombra en tus visiones,
algo tiene de plácido la vida,
no todo en la existencia es una herida
donde brote la sangre a borbotones.

La lucha tiene sombra, y las pasiones
agonizantes, la ternura huida,
todo lo amado que al pasar se olvida
es fuente de angustiosas decepciones.

Pero, ¿por qué dudar, si aún ofrecen
en el remoto porvenir oscuro
calmas hondas y vívidos cariños

la ternura profunda, el beso puro
y manos de mujer, que amantes mecen
las cunas sonrosadas de los niños?

Brienz, 1885

Sinfonía color de fresa con leche

A los colibríes decadentes

Rítmica Reina lírica! Con venusinos
cantos de Sol y rosa, de mirra y laca
y polícromos cromos de tonos mil
oye los constelados versos mirrinos,
escúchame esta historia Rubendariaca,
de la Princesa verde y el paje Abril,
Rubio y sutil.

El bizantino esmalte do irisa el rayo
las purpuradas gemas; que enflora Junio
si Helios recorre el cielo de azul edén,
es lilial albura que esboza Mayo
en una noche diáfana de plenilunio
cuando las crisodinas nieblas se ven
A tutiplen!

En las vívidas márgenes que espuma el Cauca
áureo pico, ala ebúrnea, currucuquea
de sedeñas verduras bajo el dosel
do las perladas ondas se esfuma glauca
¿es paloma, es estrella o azul idea?...
Labra el emblema heráldico de áureo broquel
Róseo rondel.

Vibran sagradas liras que ensueña Psiquis
son argentados cisnes hadas y gnomos
y edenales olores, lirio y jazmín
y vuelan entelechias y tiquismiquis

de corales, tritones, memos y momos
del horizonte lírico nieve y carmín
Hasta el confín.

Liliales manos vírgenes al son aplauden
y se englaucan los líquidos y cabrillean
con medievales himnos al abedul,
desde arriba Orión, Venus, que Secchis lauden
miran como pupilas que cintillean
por los abismos húmedos del negro tul
Del cielo azul.

Tras de las cordilleras sombras, la blanca
Selene, entre las nubes ópalo y tetras
surge como argentífero tulipán
y por entre lo negro que se espernanca
huyen los bizantinos de nuestras letras
hasta el Babel Bizancio, do llegarán
Con grande afán.

Rítmica Reina lírica! Con venusinos
cantos de Sol y rosa, de mirra y laca
y polícromos cromos de tonos mil,
éstos son los caóticos versos mirrinos
ésta es la descendencia, Rubendariaca,
de la Princesa verde y el paje Abril,
Rubio y sutil!

Benjamín Bibelot Ramírez[1]
Bogotá, 6 de marzo de 1894

1 Benjamín Bibelot Ramírez es el seudónimo usado por Silva para este poema dedicado «A los colibríes decadentes», en que se ironiza con los excesos verbales del modernismo. (N. del E.)

Sub-Umbra

A A. de W.

Tú no lo sabes... mas yo he soñado
  entre mis sueños color de armiño,
horas de dicha con tus amores
  besos ardientes, quedos suspiros
cuando la tarde tiñe de oro
  esos espacios que juntos vimos
¡Cuando mi alma su vuelo emprende
  a las regiones de lo infinito
aunque me olvides, aunque no me ames
  aunque me odies, sueño contigo!

Mayo de 1881

Edenia

Melancólica y dulce cual la huella
que un Sol poniente deja en el azul
cuando baña a lo lejos los espacios
con los últimos rayos de su luz
mientras tiende la noche por los cielos
de la penumbra el misterioso tul.

Suave como el canto que el poeta
en un suspiro involuntario da,
pura como las flores entreabiertas
de la selva en la agreste oscuridad
do detenido en las musgosas ramas
no filtra un rayo de la luz solar.

Mujer, toda mujer ardiente, casta
alumbrada con luz de lo ideal...
Radiante de virtud y de belleza
como mi alma la llegó a soñar,
¿en sus sueños de cándida ternura
así la encontrará?

Julio de 1882

Las noches del hogar

«Amo las dichas del hogar sencillo
Apetezco su plácido cariño
Yo quiero que descanse en mis rodillas
La rubia cabecita de algún niño.»
Gutiérrez Nájera

Regresar fatigado del trabajo
de la diaria faena
e ir a mirarse en lo hondo retratado
de sus pupilas negras
cerca del rico piano —mientras vaga
sobre las blancas teclas
su mano de marfil— soñar despierto
felicidad eterna.
A la luz de la lámpara brillante
ver las rubias cabezas
de los risueños niños —de infantiles
ilusiones llenos.
La mirada tender sobre la cuna
que cual flor entreabierta
entre sus hojas perfumadas guarda
una existencia nueva!
¡Oh cuadro del hogar! ¡oh perspectiva
cariñosa y risueña,
cuando en el paso por el falso mundo
ancha herida sangrienta,
el desengaño abrió, cuando sentimos
caer mustias y secas
de la primera juventud las rosas,
qué mortal no desea

dejar en tu silencio venturoso
  deslizar la existencia
y guardar lo divino y delicado
  que el alma herida encierra
en tu seno feliz —como la concha
  lejos de las tormentas
guarda en el fondo del movible océano
  las nacaradas perlas!

Abril 4 de 1883

Humo

De Th. Gautier

Bajo los árboles viejos
cuya sombra el suelo baña
miro perdida a lo lejos
una pequeña cabaña.

Todo en quietud allí vese,
la ventana no está abierta
y el musgo grisoso crece
sobre el umbral de la puerta.

Cual tibio aliento aromado
que el frío condensa en nube
humo tenue y azulado
en espiral de ella sube.

Del alma que allí reposa
noticias a Dios le lleva
el humo que de la choza
en espirales se eleva.

Abril 20 de 1883

Notas perdidas

I Es media noche. —Duerme el mundo ahora
bajo el ala de niebla del silencio
  vagos rayos de Luna
  y el fulgor incierto
  de lámpara velada
  alumbran su aposento.
  En las teclas del piano
vagan aún sus marfilinos dedos,
  errante la mirada
dice algo que no alcanza el pensamiento.
¡Cómo perfuma el aire el blanco ramo
  marchito en el florero,
  cuán suave es el suspiro
  que vaga entre sus labios entreabiertos!
....
¡Adriana! ¡Adriana! de tan dulces horas
  guardarán el secreto
tu estancia, el rayo de la Luna, el vago
  ruido de tus besos,
  la noche silenciosa,
  ¡y en mi alma el recuerdo!...

II Si en vosotras algún día
se fijan sus ojos bellos,
¡pobres estrofas! habladle
con rumor suave y ledo
como notas de una música
que oímos ha mucho tiempo,
y que impregnada de aromas
torna en las alas del viento.

Alzada cual leve brisa
besad sus blondos cabellos
y penetrad en su alma
y en los espacios perdeos
como en la santa capilla
las espirales de incienso!...

III Como recuerdo de su amor sincero,
  recuerdo dulce y único
de aquel amor suave y melancólico
  cual la luz del crepúsculo,
guardo en un cofrecito plateado
  unas rosas de musgo
las contemplo en mis horas de alegría,
  las beso cuando sufro,
¡aún guardan el perfume penetrante
  de los cabellos suyos!
....
Cuando bajo la tierra muda y fría
  duerma, lejos del mundo,
cuando el ramaje de movible sauce
  cobije mi sepulcro,
¡sobre la piedra que mis restos vele
  poned el ramo mustio!

IV La noche en que al dulce beso
del amor, se abrió su alma
caminando lentamente
iba, en mi brazo apoyada.
No había Luna. Las estrellas
vertían su luz escasa,
y sobre el cielo profundo
nuestros ojos contemplaban

como una bruma ligera,
la brillante vía láctea,
suspiró. Con voz muy queda
dime, le dije, ¡te cansas!
alzó la hermosa cabeza,
se iluminó su mirada
y murmuró. Mira dicen
que es grande, inmensa la vaga
bruma que brilla a lo lejos
como una niebla de plata,
que la forman otros mundos
que están a inmensa distancia,
que la luz solar invierte
siglos en atravesarla,
y si Dios quisiera un día
a ti y a mí darnos alas
esa distancia infinita
feliz, contigo cruzara!

Bajó la noble cabeza
desvió la viva mirada
y dijo paso —de nuevo
me preguntabas «te cansas»!

V ¡Pobre! junto del hombre aquel, su vida
fue como un rayo del estivo Sol,
que se pierde en un caos de neblinas
sin forma ni color.
....
Las veces en que, en horas de tristeza,
las sombras de otros tiempos evocó
y el recuerdo feliz y sonriente
de su primer amor,

las veces en que al beso de la pena
quizá lanzó un ¡ay! y murmuró
cabe la cuna del dormido niño
  una dulce canción,

las veces en que en luchas interiores
del sentimiento el grito sofocó
como el [humilde] aroma de las rosas
  lo sabe solo Dios!

VI Encontrarás poesía
dijo entonces, sonriendo
en el recinto sagrado
de los cristianos templos,
en los lugares que nunca
humanos pies recorrieron,
en los bosques seculares
donde se oculta el silencio,
en los murmullos sonoros
de las ondas y del viento,
en la voz de los follajes
del amor en los recuerdos,
de las niñas de quince años
en los blancos aposentos,
en las tristezas profundas
como el Cristo
en las noches estrelladas,
...jamás en los malos versos!

VII Como tú sobre la dura
roca nativa, parásita
también he visto en la vida
sobre las rocas más áridas

criaturas tristes y buenas
embellecer...

VIII ¡La visteis! dulce y serena
su faz retrata su calma
y aunque de visiones llena
aún está virgen su alma.

Tiene la piel suave y pura
cual las hojas de las lilas,
ensueños de honda ternura
rebosan en sus pupilas.

Pequeño y la forma arqueada
el pie nervioso y breve
y pálida y hoyuelada
la blanca mano de nieve.

La mirada traviesa
con lumbre vívida brilla
bajo de la blonda espesa
de la española mantilla.

Y al meditar en sus besos
perdiéndose en sus miradas
se sueñan locos excesos
de frescas carnes rosadas.

Su alegre estancia risueña
medio-templo, medio-nido,
conversa al alma que sueña
con un lenguaje escondido.

Hacia sus grandes ventanas
que velan leves cortinas
tienden las oscuras ramas
las madreselvas vecinas.

De noche mis pensamientos
allí van —ruido importuno
en las alas de los vientos
con los rayos de la Luna.

Y al penetrar, a la mesa
vuelan —do lee o delira—
o hacia el Cristo al cual le reza,
o al espejo do se mira.

Y cual una visión vana
que evaporándose crece
se salen por la ventana
cuando la aurora amanece!

IX Bajad a la pobre niña,
bajadla con mano trémula,
y con cuidadoso esmero
entre la fosa ponedla
y arrojad sobre su tumba
frías puñadas de tierra!
Aún sobre sus labios rojos
la sonrisa postrimera,
tan joven y tan hermosa
y descansa helada, yerta,
y está marchito el tesoro
de su dulce adolescencia!
Bajad a la pobre niña,

¡bajadla con mano trémula
y con cuidadoso esmero
entre la fosa ponedla
y arrojad sobre su tumba
frías puñadas de tierra!

Cavad ahora otra fosa,
cavadla con mano trémula,
de la sonriente niña
del triste sepulcro cerca,
para que lejos del mundo
su sueño postrero duerman
mis recuerdos de cariño
y mis memorias más tiernas.

Bajadlos desde mi alma.
bajadlos con mano trémula
y arrojad sobre su fosa
frías puñadas de tierra!...

X A Natalia Tanco A.

¿Has visto, cuando amanece
los velos conque la escarcha
los vidrios de los balcones
cubre en la noche callada?
Deja que el rayo primero
de la luz de la mañana
los hiera, y verás entonces
formarse figuras vagas
en la superficie fría
helechos de formas raras,
paisajes de Sol y niebla

de perspectivas lejanas
por donde van los ensueños
a la tierra de las hadas
y al fin un caos confuso
de luz y gotas de agua
de ramazones inciertas
y perpectivas lejanas
que al deshacerse semeja[n]
el vago esbozo de un alma.
Las neblinas que el espíritu
llenan en horas amargas,
como a los rayos del Sol
de los cristales la escarcha
si las hiere tu sonrisa
se vuelven visiones blancas.

XI Cabe el remanso sombrío
del arroyo transparente
palpita y tiembla de frío
y la copia la corriente.

El tronco del árbol viejo
y las verdeoscuras frondas,
como en veneciano espejo
se retratan en las ondas,

suelto el cabello abundoso
sobre el hombro alabastrino
su cuerpo esbelto y airoso
vela solo el blanco lino.

¡Un rayo de Sol!... El tul
de las nieblas rompe el día

¡aguas, yerbas, cielo azul
todo respira alegría!

¡Llegó el momento! El cendal
que la cubre deja huir
del arroyo en el cristal
el cuerpo va a sumergir.

¿Mas por qué vuelve asustada
los ojos y busca llena
de afán?... Una carcajada
aún en los aires resuena,

es que al ir al escondido
arroyo donde se baña
despertó a un silfo dormido
en una tela de araña.

24 de agosto de 1883

Libros a la carta

A la carta es un servicio especializado para
empresas,
librerías,
bibliotecas,
editoriales
y centros de enseñanza;
y permite confeccionar libros que, por su formato y concepción, sirven a los propósitos más específicos de estas instituciones.

Las empresas nos encargan ediciones personalizadas para marketing editorial o para regalos institucionales. Y los interesados solicitan, a título personal, ediciones antiguas, o no disponibles en el mercado; y las acompañan con notas y comentarios críticos.

Las ediciones tienen como apoyo un libro de estilo con todo tipo de referencias sobre los criterios de tratamiento tipográfico aplicados a nuestros libros que puede ser consultado en Linkgua-ediciones.com.

Linkgua edita por encargo diferentes versiones de una misma obra con distintos tratamientos ortotipográficos (actualizaciones de carácter divulgativo de un clásico, o versiones estrictamente fieles a la edición original de referencia).

Este servicio de ediciones a la carta le permitirá, si usted se dedica a la enseñanza, tener una forma de hacer pública su interpretación de un texto y, sobre una versión digitalizada «base», usted podrá introducir interpretaciones del texto fuente. Es un tópico que los profesores denuncien en clase los desmanes de una edición, o vayan comentando errores de interpretación de un texto y esta es una solución útil a esa necesidad del mundo académico.

Asimismo publicamos de manera sistemática, en un mismo catálogo, tesis doctorales y actas de congresos académicos, que son distribuidas a través de nuestra Web.

El servicio de «libros a la carta» funciona de dos formas.

1. Tenemos un fondo de libros digitalizados que usted puede personalizar en tiradas de al menos cinco ejemplares. Estas personalizaciones pueden ser de todo tipo: añadir notas de clase para uso de un grupo de estudiantes, introducir logos corporativos para uso con fines de marketing empresarial, etc. etc.

2. Buscamos libros descatalogados de otras editoriales y los reeditamos en tiradas cortas a petición de un cliente.

www.ingramcontent.com/pod-product-compliance
Ingram Content Group UK Ltd.
Pitfield, Milton Keynes, MK11 3LW, UK
UKHW042008190726
13854UKWH00005B/2213

9 788490 070666